Karl Hillenbrand / Bernhard Schweßinger (Hg.)

Friede und Freude

Unterwegs mit Bischof Paul-Werner Scheele

echter

Bibliografische Information der Deutschen Bibliothek

Die Deutsche Bibliothek verzeichnet diese Publikation in der
Deutschen Nationalbibliografie; detaillierte bibliografische Daten
sind im Internet über <http://dnb.ddb.de> abrufbar.

© 2003 Echter Verlag GmbH
www.echter-verlag.de
Umschlag: ew print & medien service gmbh, Würzburg
Satz: ew print & medien service gmbh, Würzburg
Druck und Bindung: Hinckel-Druck, Wertheim
ISBN 3-429-02541-9

INHALT

4   Einführung

8   Interview

12   Für die Menschen bestellt – Begegnungen im Bistum

26   Im Dienst an der Einheit – Ökumene in Orts- und Weltkirche

36   Zeugen gesucht – Der Bischof im Dienst an den Berufungen

56   Wege suchen im Gespräch – Kooperative Pastoral
beginnt beim Bischof

68   Missionarische Kirche – Weltweit im Glauben verbunden

80   Im Blickpunkt der Öffentlichkeit – Der Glaube braucht
viele Kontakte

94   Freund der Bücher und der schönen Künste –
Das Musische kommt nicht zu kurz

104   Fußball, Berge und Klavier – Auch ein Bischof hat
ein Privatleben

112   Zeittafel

EINFÜHRUNG

Glückwunsch in Wort und Bild

Am 6. April 2003 vollendet Bischof Paul-Werner Scheele das 75. Lebensjahr. Auch wenn er sonst von Geburtstagen wenig Aufhebens macht, ist dieses Datum eine Zäsur: Nach dem Kirchenrecht sind Bischöfe gehalten, zu diesem Zeitpunkt dem Papst ihren Amtsverzicht anzubieten. Was dann kommt, umschreibt Bischof Paul-Werner mit der ihm eigenen nüchternen Gelassenheit so: „Die durch das Weihesakrament gestiftete Verbundenheit wird bleiben und damit die Gabe und Aufgabe der wechselseitigen Solidarität" (Brief an die Priester vom 15. November 2002). Stellvertretend für viele Menschen, die unserem Bischof in Dankbarkeit und Zuneigung verbunden sind, nehmen wir seinen „Spezialgeburtstag" zum Anlass, ihm mit einem „Blumenstrauß aus Bildern" zu gratulieren: Aus unzähligen Momentaufnahmen, die im Laufe seines bisherigen über 20-jährigen Wirkens in unserem Bistum entstanden, haben wir Fotos ausgewählt, die eine Art Gesamtspektrum seines Dienstes widerspiegeln: Von der Begegnung mit unterschiedlichsten Menschen über den Einsatz in der Ökumene bis zum Kontakt mit den jungen Kirchen und ihren Missionaren; von Weihehandlungen über Begegnungen mit Vertretern der Öffentlichkeit bis zur Pflege der musischen Sphäre und den persönlichen Vorlieben in der Freizeitgestaltung.

Was ist in all dem die innere Mitte?
Wie kommt sie zur konkreten Entfaltung?

Bischof Paul-Werner hat öfters den Gedanken geäußert, angesichts zunehmender Verwirrungstendenzen brauche das christliche Leben auch in dem Sinne eine klare Orientierung, als in der Verkündigung die Prioritäten richtig zu setzen seien: Zuerst müsse von Gott die Rede sein, dann vom Menschen und erst danach dürfe die Kirche den Blick auf sich selbst richten. Damit hat er indirekt sein Verständnis des eigenen Dienstes umschrieben: Gerade der Leitungsdienst eines Bischofs kann nie Selbstzweck zum bloßen „Funktionieren" kirchlicher Einrichtungen sein, sondern ist glaubhaft immer nur als Zeugnis der Zuwendung Gottes lebbar, die über die Kirche die Menschen erreichen und auf verschiedene Weise Glaubensgemeinschaft bewirken will.

Gotteserfahrung als Lebensgemeinschaft

In den Schriften und Ansprachen von Paul-Werner Scheele kreisen die Gedanken immer wieder um die zentrale Glaubenserfahrung des dreifaltigen Gottes. Es geht dem Bischof, gerade weil er durch und durch Theologe ist, dabei nie um abgehobene Spekulationen, sondern um Vermittlung von grundlegender Glaubenseinsicht als umfassendem Lebenssinn: Weil Gott in sich Gemeinschaft ist, macht er den Menschen in Christus Mut zu seiner eigenen Lebensform und führt sie durch seinen Geist aufeinander zu. Daran muss sich jede Form christlicher Gemeinschaft messen lassen – ob sie nur als zweckgebundene kirchliche Organisationsform erscheint oder ob sie sich als Lebensbedingung des Glaubens ausweisen kann, von der aus der „Durchblick" auf einen Gott gelingt, der in sich Mitteilung ist und dieses Leben mit der Welt teilt. Dieser Grundgedanke taucht nicht nur häufig in den wissenschaftlichen Publikationen von Bischof Paul-Werner auf, sondern bildet den Impuls für zahlreiche pastorale Initiativen:

So wurde zum Beispiel die mehrjährige Vorbe-
reitung auf das Jubiläum der Frankenapostel
1989 unter das Leitwort „Miteinander" gestellt;
die Erinnerungsfeiern zum 1250. Jubiläum der
Bistumsgründung standen 1992 unter dem Motto:
„Mit Christus – im heiligen Geist – als Volk Gottes
unterwegs". Bischof Paul-Werner geht es dabei um
ein Vermitteln der Überzeugung, dass menschliche
Kommunikation wie christliche Communio ihre
eigentliche Ortsbestimmung immer nur im Wissen
um den „Gott mit uns" erfahren können.

Menschsein als Berufungsgemeinschaft

Als Paul-Werner Scheele 1975 zum Weihbischof
in Paderborn ernannt wurde, wählte er als Leitwort für seinen künftigen Dienst die prägnanten
Worte des Römerbriefs „Friede und Freude"
(vgl. Röm 14,17 und 15,13). Wir haben sie auch als
Titel für diese Publikation verwendet. Auch dieses
Motto ist kein „binnenkirchliches" Programm –
der Wahlspruch umreißt vielmehr die Atmosphäre,
die in der Welt durch den überzeugend gelebten
Glauben an Gott entsteht. In der Verkündigung
von Bischof Paul-Werner wird deutlich, dass diese
Grundhaltung keinen bloßen Zweckoptimismus in
einer Zeit schwerer gewordenen Christseins dar-
stellt. Es geht wieder nicht um abstrakte Ideen,
sondern um das gelebte Zeugnis. Sowohl als
Theologe wie als Bischof hat sich Paul-Werner
Scheele fast ständig in Publikationen wie Predigten
mit der erschließenden Deutung verschiedener
Glaubensgestalten beschäftigt, deren Lebens-
zeugnis er als Hilfe für gelingendes Menschsein
erfahren hat. Die Reihe der Männer und Frauen
vermittelt ein beeindruckendes Bild von der

„Bandbreite des Christseins": Seien es Bischöfe wie
Kilian, Bruno, Adalbero, Frauen wie Lioba, Thekla
oder Schwester Julitta Ritz, Theologen wie Johann
Adam Möhler und Herman Schell oder Priester
wie Liborius Wagner, Friedrich Spee und Georg
Häfner – Bischof Paul-Werner will dabei stets ver-
deutlichen, dass Gott Menschsein so ernst nimmt,
dass er seine Zuwendung auf verschiedene Weise
erfahrbar macht, wenn Menschen sich auf seine
Initiative einlassen und mitmachen: Menschliches
Leben wird durch die Berufung zum Glaubens-
zeugen für Gott in der Gemeinschaft der Kirche
zum erfüllten Dasein. Auch die enge Beziehung
zur Kunst ist bei Bischof Paul-Werner von dieser
Sendung zum Zeugnis her zu verstehen: Sie stellt
eine Form der „welthaften Gotteserfahrung" dar,
deren Vermittlung wesentlich zum Auftrag der
Kirche gehört: Denn erst wenn wir die kulturellen
Werte in unser Leben aufnehmen, dürfen wir
hoffen, dass es mit den christlichen Werten im
Kulturbereich ähnlich geschieht.

Kirche als Dialoggemeinschaft

Bischof Paul-Werner sieht den Grundauftrag des
kirchlichen Amtes in der Weise, dass es helfen soll,
damit Einheit immer mehr Wirklichkeit wird:
Sowohl Einheit unter den getrennten Christen wie
auch die Einheit in einer Kirche, der immer wieder
neue Spaltungen drohen. Aus jahrzehntelanger
Erfahrung weiß der Würzburger Bischof, dass das
Mühen um die verschiedenen Formen kirchlicher
Communio geduldigen Dialog und Bereitschaft zu
einer differenzierten Unterscheidung der Geister
erfordert. Dabei ist immer wieder neu eine
Spannung auszuhalten, die sich so umschreiben

lässt: Einmal darf im Mühen um kirchliche Einheit nicht der Eindruck entstehen, die verschiedenen Glaubensformen seien „gleich-gültig" – das Ausklammern der Wahrheitsfrage führt, wie Bischof Paul-Werner mit Nachdruck betont, nur allzu leicht zu einer konturlosen Gleichgültigkeit, die der Tod einer vermittelten Vielfalt wäre. Die Suche nach Wahrheit hat immer Bewährungsproben zu bestehen. Gleichzeitig aber darf der Blick auf das Gemeinsame und schon Erreichte nicht verstellt werden: Deshalb spricht der Bischof gern von Wiedervereinigung als „Weitervereinigung" im Glauben, auch wenn die konkreten Schritte zum Ziel oft mühsam sind.

Das Mühen um Dialog ist aber nicht einfach ein Mittel zum Zweck, eine Strategie zur effizienteren Zielverwirklichung. Kirche ist Dialoggemeinschaft als Abbild der Lebensform des trinitarischen Gottes, der in sich lebendiger Austausch ist. Aus dieser Grundeinsicht heraus und nicht etwa bloß von pastoralen „Notstandserwägungen" her hat der Würzburger Bischof den von 1993 bis 1996 durchgeführten Diözesandialog unter das Leitwort gestellt: „Wir sind Kirche – Wege suchen im Gespräch." Dabei hat er immer wieder deutlich zu machen versucht, dass Dialog in der Kirche zwischen unterschiedlichen Menschen und Gruppen nie unter dem Gesichtspunkt bloßer Interessenvertretung gelingen kann, sondern im Hören auf

Gott beginnt: Denn menschliche Wegsuche im Gespräch führt nicht weit, wenn sie nicht vom Gespräch mit Gott begleitet und geprägt wird. Damit sollen konkrete Fragen und Probleme nicht wegspiritualisiert oder gar bagatellisiert werden – Bischof Paul-Werner geht es darum, dass gerade Chancen und Gefährdungen kirchlichen Lebens ihren Stellenwert immer nur im Ganzen des Glaubens bekommen können, weil sie sonst leicht „ortlos" werden.

Dafür, dass er uns in seinem bischöflichen Dienst bei dieser „Ortsbestimmung des Glaubens" ein unermüdlicher Helfer ist, danken wir ihm von Herzen. Unser Geburtstagswunsch für Bischof Paul-Werner zielt auf die Hoffnung, dass er uns – auf welche Weise auch immer – noch lange als Wegbegleiter im Glauben erhalten bleibt. Gerade in einer Zeit, in der Probleme wie Glaubensschwund und Priestermangel die Kirche vor neue Herausforderungen stellen, sind Bischöfe nötig, die nicht die Mutlosigkeit verstärken, sondern als Zeugen der Zuversicht wirken und Freude am Christsein vermitteln. In diesem Sinn wünschen wir unserem Bischof: Ad multos annos!

Würzburg, im Februar 2003

Die Herausgeber

INTERVIEW

Dank für die unverdiente Gnade Gottes

Gespräch mit Bischof Paul-Werner über ein Priesterleben, das sich lohnt

Herr Bischof, woran denken Sie besonders, wenn Sie auf den Tag Ihrer Priesterweihe zurückschauen?

BISCHOF PAUL-WERNER: Zuerst denke ich an den Bischof, der mich im Namen Christi geweiht hat: an Erzbischof Lorenz Jaeger; sodann an alle, die mit mir die Priesterweihe empfangen haben. Es waren in einer Woche mehr als 100. Meine Semesterkollegen waren recht unterschiedlich; dennoch wurden wir immer mehr zu einer guten und festen Gemeinschaft, die auch heute noch zusammenhält.

Fühlten Sie sich von Kindesbeinen an zum Priester berufen oder gab es auch Alternativen bei Ihrer Berufswahl?

BISCHOF PAUL-WERNER: Den Weg zum Priesterberuf habe ich erst als Jugendlicher gefunden. Immerhin geschah das so früh, dass ich bei meiner Priesterweihe noch eine vatikanische Dispens benötigte, da ich noch keine 24 Jahre alt war.

Welche Menschen und Erlebnisse waren für Sie entscheidend auf dem Weg zum Priestertum? Wer oder was gab den Ausschlag für Ihre Entscheidung?

BISCHOF PAUL-WERNER: An erster Stelle habe ich den Eltern dafür zu danken, dass sie durch ihr christliches Leben und die entsprechende Erziehung den Weg zum Priestertum ermöglicht haben. Trotz der Schwierigkeiten, die in der Zeit des Nationalsozialismus und des Krieges dem

Priestertum entgegenstanden, hatte ich das Glück, auch damals Menschen anzutreffen, die einem entscheidende Hilfen gegeben haben. Dazu zählte der Rektor Dr. Heinrich Niebecker, der uns um sich sammelte, als der Religionsunterricht an den Schulen verboten wurde. Des weiteren erinnere ich mich dankbar an einen Freund, der unbedingt Priester werden wollte. Gegen Kriegsende zog er sich eine Tuberkulose zu. Da es damals nicht die Medizin gab, über die wir heute verfügen, ist er bald der Krankheit erlegen. Mehreren, die zu ihm ans Krankenbett kamen, ist der Priesterberuf geschenkt worden, der ihm verwehrt blieb. Ich bin überzeugt, dass sein Lebensopfer uns dabei wesentlich geholfen hat. Bei Beginn des Theologiestudiums war ich meiner Berufung noch nicht gewiss. Zu meiner endgültigen Entscheidung haben mehrere priesterliche Begleiter beigetragen. Dankbar nenne ich besonders den Präfekten Heinz Schürmann, der später als Professor des Neuen Testamentes in Erfurt segensreich gewirkt hat, sowie den Direktor des Theologenkonvikts, Professor Dr. Josef Höfer, dessen Impulsen ich viel zu verdanken habe. Zugleich waren meine Kursgenossen hilfreiche Begleiter auf dem Weg zur Priesterweihe. Den Ausschlag gab die unverdiente Gnade Gottes.

Sie wurden vor der Zeit des Konzils zum Priester geweiht. Wie haben Sie die Veränderungen des Priesterbilds in den vergangenen 50 Jahren erlebt?

BISCHOF PAUL-WERNER: Durch qualifizierte Lehrer und durch die Lektüre begnadeter Theologen sind mir bereits während des Studiums die Grundzüge des Priesteramts vermittelt worden, die durch das Konzil bestätigt wurden. Insbesondere wurde uns die Grundlegung des priesterlichen Wirkens in Jesus Christus und seinem dreifachen Amt und die Verwurzelung im gesamten Gottesvolk erschlossen. Die verschiedenen Aufgaben, die mir im Lauf der verflossenen über fünfzig Jahre übertragen wurden, haben verschiedene Weisen des priesterlichen Einsatzes mit sich gebracht. Die Tätigkeit in verschiedenen Pfarreien ließ mich die Grundaufgaben des Priesters unverkürzt erleben. In meinem mehr als zehn Jahre dauernden Einsatz als Religionslehrer an berufsbildenden Schulen stand das Lehramt im Vordergrund, auch wenn das nie vom Priester- und Hirtenamt abgetrennt war. Ähnliches gilt auch für die Zeit, als ich Assistent von Professor Dr. Fritz Hofmann an der Würzburger Universität wurde. Auf eine besondere Spur des Wollens und Wirkens Christi wurde ich gebracht, als ich in das Johann-Adam-Möhler-Institut für Ökumenik berufen wurde, dessen Leitung mir später anvertraut worden ist. Da stand der Wille Christi, „dass alle eins seien" im Mittelpunkt. In den vierzehn Jahren, in denen ich als Professor in verschiedenen Fakultäten tätig war, konnte ich mich besonders auf den priesterlichen Dienst am Glauben konzentrieren. In all diesen Jahren lag mir zugleich daran, soweit wie möglich die anderen priesterlichen Dienste in den Gemeinden wahrzunehmen, die meine Hilfe brauchten. So habe ich während meiner Würzburger Lehrtätigkeit die Pfarrgemeinde in Oberleinach betreut.

Welche Aufgaben gehören trotz vieler Veränderungen unbedingt zum Dienst des Priesters?

BISCHOF PAUL-WERNER: Nach wie vor gehören die Verkündigung des Gotteswortes und die Spendung der Sakramente, insbesondere die Feier der Heiligen Messe, unbedingt zum Dienst des Priesters. Hinzu kommt seine Verantwortung für die christliche Gemeinschaft. Wie diese wahrzunehmen ist, hängt von der Größe und Art der Gemeinschaft ab, für die man speziell in Pflicht genommen wird. In allen diesen Diensten ist die Hilfe der Mitchristen unbedingt nötig. Diese hat in den vergangenen fünf Jahrzehnten unterschiedliche Formen angenommen.

Wo fühlten Sie sich in mehr als 50 Jahren als Priester besonders „gebraucht"?
Oder: In welchen Situationen waren Sie besonders als Priester gefordert?

BISCHOF PAUL-WERNER: Ich habe keine Phase erlebt, in der ich nicht „gebraucht" worden wäre und habe so keine Frustration erlebt. Dass man besonders gebraucht wird, erlebt man, wenn es um das Heil einzelner Menschen geht, denen man beistehen darf. Manchmal erfährt man selber erst nach Jahren, dass man bestimmten Menschen entscheidende Hilfen vermitteln durfte. Das kann einen dann besonders froh und dankbar machen.

In jüngster Zeit geht die Zahl der Priester in Deutschland dramatisch zurück. Was kann dagegen unternommen werden? Wie ist dies zu deuten?

BISCHOF PAUL-WERNER: Dass in jüngster Zeit die Priesterzahl bei uns zurückgegangen ist, hat sicherlich viele Gründe, über die man nachdenken muss. Gewiss hängen sie mit der hierzulande zurückgehenden Kinderzahl zusammen. Überdies ist nach meiner Überzeugung der Glaubensmangel noch ernster zu nehmen als der Priestermangel. Nicht zu übersehen sind ferner die Wellen der Sexualisierung, die manchen jungen Menschen mitreißen. Bei diesen Phänomenen muss man ansetzen, wenn es eine grundlegende Änderung geben soll. Darüber hinaus kommt es darauf an, dass möglichst viele nach dem Willen des Herrn handeln, der uns sagt: „Die Ernte ist groß, aber es gibt nur wenig Arbeiter. Bittet also den Herrn der Ernte, Arbeiter für seine Ernte auszusenden" (Mt 9,38). Im übrigen dürfen wir nicht übersehen, dass es in vielen Ländern heute eine Vielzahl von Priesteramtskandidaten und von Priestern gibt. Das ist eine kritische Anfrage an uns, aber auch ein Phänomen, das Hoffnung geben kann.

Wenn Sie als Firmenchef werben müssten: Was kann die Kirche künftigen Priestern anbieten?

BISCHOF PAUL-WERNER: Es gibt inzwischen manche Aktionen, die mit Bild und Text für den Priesterberuf werben. Wenn ich mich frage, ob mich so etwas in meiner Jugend besonders ange-sprochen hätte, müsste ich das für meine Person verneinen. Entscheidend für den Priesterberuf ist nicht ein Werbeangebot, sondern der Ruf in die Nachfolge Christi und die Wirkmöglichkeiten, die damit verbunden sind. Die priesterliche Tätigkeit fordert viel, aber sie gibt dem Priester noch viel mehr, als er geben kann. Viele sollten mithelfen, das jungen Menschen bewusst zu machen, die ein erfülltes Leben suchen.

Ihr persönliches Zeugnis nach über 50 Jahren Priesterleben? Weshalb hat es sich gelohnt, diesen Lebensweg zu gehen?

BISCHOF PAUL-WERNER: Ich bin von Herzen dafür dankbar, dass ich auf den priesterlichen Lebensweg gerufen worden bin. Ich habe erfahren, dass ich dadurch in einen wesentlichen Kontakt mit sehr vielen Menschen gekommen bin, mehr als das in den meisten anderen Berufen möglich ist. Ich habe dabei vielfältige Hilfen empfangen und auch meinerseits helfen dürfen. Als ich zu meiner Überraschung zum bischöflichen Dienst berufen wurde, habe ich als meinen Wahlspruch das Pauluswort genommen: „Friede und Freude im Heiligen Geist". Diese Worte kennzeichnen auch den priesterlichen Dienst. In ihm gilt es, offen zu sein für die Gottesgaben des Friedens und der Freude, und möglichst viel davon möglichst vielen weiterzugeben. Es lohnt sich, dafür zu leben und zu wirken.

Interview: Bernhard Schweßinger

Für die Menschen bestellt –
Begegnungen im Bistum

„Als Diözese sind wir die konkrete Verwirklichung
der einen Kirche in dem uns zugewiesenen Bereich.
Auf dem Weg durch die Zeit werden wir
mit Chancen und Problemen konfrontiert,
die das Leben und Handeln der Kirche herausfordern."

(BISCHOF PAUL-WERNER IN „UNSER WEG", 1996)

Beginn der Feier zur Amtseinführung
am 21. Oktober 1979 in der
Neumünsterkirche, der Grabeskirche
der Frankenapostel: „Dort, wo Kilian,
Kolonat und Totnan begraben sind,
haben wir unseren Weg begonnen. Er
hat uns zum Altar und zur Kathedra
geführt. Er wird weitergehen: zunächst
in die Krypta zum Grab des verehrten
Bischofs Josef, dann hinein ins Bistum
und hinaus in alle Welt. Ist das nicht ein
lebendiges Bild der Einheit, die uns
geschenkt ist?"

Dicht gedrängt stehen die Menschen auf dem Domplatz, als Bischof Paul-Werner mit zahlreichen Konzelebranten und den Mitgliedern des Domkapitels am 21. Oktober 1979 in den Kiliansdom einzieht: „Wir sind Volk Gottes auf dem Weg, Volk Gottes, vom Herrn gerufen, pilgerndes Volk auf dem Weg zum Nächsten und am Ende hin zur ewigen Heimat."

RECHTE SEITE
Der Bamberger Erzbischof Dr. Elmar Maria Kredel überreicht Bischof Paul-Werner Hirtenstab und Evangelienbuch: „Das Empfangen und das Weitergeben des Gotteswortes führt uns zusammen. Der Herr will uns nicht nur etwas mitteilen. Er teilt sich selber mit. In seinem Wort ist er selber in unserer Mitte."

Glückwünsche für den neuen Bischof von Würzburger: Erzbischof Johannes Joachim Degenhardt aus Paderborn, Erzbischof Elmar Maria Kredel aus Bamberg, Bischof Paul-Werner und der Würzburger Weihbischof Alfons Kempf: „Meinem lieben Bruder im Bischofsamt, Alfons Kempf, möchte ich auch an dieser Stelle für alle Hilfe und speziell für seine treuen Dienste als Kapitelsvikar danken." – „Erzbischof Degenhardt steht hier für mein Heimatbistum und für Ungezählte dort, denen ich Entscheidendes zu verdanken habe. Erzbischof Kredel repräsentiert unsere Kirchenprovinz und darüber hinaus alle Mitbischöfe und Mitchristen in Bayern."

Stellvertretend für die Gläubigen des Bistums überreichen Frauen und Männer dem neuen Bischof Brot und Wein sowie eine Kerze: „Jedes dieser Dinge ist ein Zeichen der Verbundenheit: Aus vielen Körnern ist ein Brot geworden; viele Trauben waren nötig, um den Wein entstehen zu lassen; viele Wachstropfen mussten vereint werden, um die Kerze bilden zu können."

Willkommensgrüße für Bischof Paul-Werner und für seine Tante Paula Hoff. Tante Paula leistete über 40 Jahre treue Dienste im Haushalt ihres Neffen und starb 1994 im Alter von 102 Jahren.

Würzburg freut sich auf den neuen Bischof: Zahlreiche Menschen kommen mit Fackeln auf den Kardinal-Döpfner-Platz vor dem Bischofshaus.

Amtsübernahme durch Präsentation
der Ernennungsurkunde vor dem
Domkapitel (von links): Domvikar
Hans Herderich, Domkapitular
Dr. Richard Schömig, Dompfarrer
Heribert Brander, Weihbischof
und Kapitelsvikar Alfons Kempf,
Domkapitular Oskar Hörning,
Bischof Paul-Werner, Domkapitular
Dr. Theodor Kramer, Domvikar Günter
Putz, Domkapitular Heinrich Schultes,
Domdekan Justin Wittig, Domkapitular
Wilhelm Heinz, Domkapitular
Dr. Bruno Fries und Domvikar
DDr. Adam Zirkel.

Besuch in Oberwerrn bei Schweinfurt.

Altarweihe in Maidbronn.

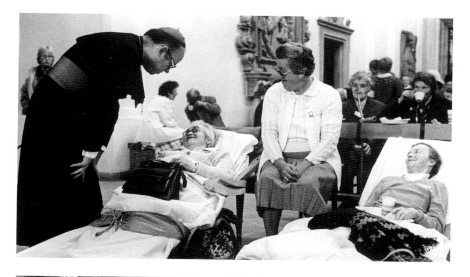

Trost für die Kranken, Begegnung bei der Kiliani-Wallfahrtswoche: „Wer auf das Wort Gottes hin sein Kreuz auf sich nimmt, kann mehr für andere tun als ein gesunder Mensch mit seinen Höchstleistungen."

„Bad" in der Ministrantenschar vor dem Kiliansdom.

Im Priesterseminar Würzburg 1990: Bischof Paul-Werner testet die „Kaffeebar zum Guten Hirten". Mit im Bild Regens Dr. Karl Hillenbrand und Spiritual Dr. Heinz Geist.

LINKS

Lobbyarbeit für die Familien: Bischof Paul-Werner ruft 2001 die Initiative „Familie – bärenstark" ins Leben. „Das Engagement für Familien in unserer Diözese ist so vielfältig und bunt, wie es die Familien heute sind. Viele gute Ideen werden verwirklicht. Sie sollen durch unsere Initiative bekannt gemacht werden."

RECHTS

Die Jüngsten sind nicht vergessen: Bischof Paul-Werner zeigt dem kleinen Kilian sein Bischofskreuz.

RECHTS

Schülerwettbewerb „Von Kilian zu Kiliani" im Jubiläumsjahr 1989.

Kinder fragen Bischof Paul-Werner: „Wollten Sie eigentlich schon als Kind Bischof werden?" – „Oh, nein! Ich habe da nicht einmal im Traum daran gedacht. Mir war sogar nicht einmal klar, ob ich Priester werden könnte. Wenn die in meiner Klasse gesagt hätten, du wirst einmal Pfarrer, da hätte ich gedacht, sie wollen dich nur ärgern."

Von Journalisten umringt: Bischof Paul-Werner im Dialog mit unterfränkischen Medienleuten.

Schirmherr bei den Fränkischen Passionsspielen in Sömmersdorf bei Schweinfurt: „Mit offenen Augen und offenen Herzen kann der Zuschauer mitleiden und mitfühlen. Jeder kann das Leiden und Sterben Jesu, das wichtigste Ereignis der Welt, in sich aufnehmen."

Himmlischer Helfer: bei der Eröffnung
des Weihnachtspostamts in
Himmelstadt.

Anzeige Blindeninstitut:
Bischof Paul-Werner als Werbeträger.

Im Dienst an der Einheit – Ökumene in Orts- und Weltkirche

„Trotz aller Unterschiede und Spaltungen
gibt es durch die Gnade Gottes mehr,
was uns als Christen verbindet, als was uns trennt.
Es ist für alle wichtig, das zu erkennen.
Es kann uns helfen, bessere Christen zu werden.“

(BISCHOF PAUL-WERNER IN „UNSER WEG", 1996)

Als Teil ihrer eigenen Glaubens-
geschichte sehen evangelische Christen
das Leben und Wirken der
Frankenapostel. Bei einem
ökumenischen Gottesdienst im Mai
1989 in der Kiliansgruft gedenken
Bischof Paul-Werner und der
Catholica-Referent der Evangelischen
Kirche in Deutschland (EKD), Bischof
Dr. Ulrich Wilckens, des Martyriums
der Frankenapostel vor 1300 Jahren.

Kirchenhistorisches Ereignis:
Zum Reformationsfest 1981 predigt
Bischof Paul-Werner in der
evangelischen Stephanskirche in
Würzburg.

Ökumene heißt aufeinander hören und kritische Anfragen zulassen: Bischof Paul-Werner lauscht den Worten des evangelisch-lutherischen Dekans Dr. Martin Elze.

Ökumene in der Praxis vor Ort: Im September 2002 kommt es zur ersten ökumenischen Wallfahrt zum Kreuzberg in der Rhön. Bischof Paul-Werner und der evangelisch-lutherische Landesbischof Dr. Johannes Friedrich fordern das gemeinsame Zeugnis aller Christen.

Bischof Paul-Werner ist
Nationalpräsident der Catholica Unio,
des Werks der Kongregation für die
Ostkirche. Zusammen mit National-
sekretär Dr. Franz Jockwig feiert er
1980 in Würzburg einen byzantinischen
Gottesdienst.

Ein besonders Anliegen ist Bischof
Paul-Werner die Vertiefung des
Kontakts zu den orthodoxen
Schwesterkirchen. Bei seiner Amts-
einführung 1979 tauscht der neue
Würzburger Bischof den Friedensgruß
mit dem griechisch-orthodoxen Bischof
Augoustinos aus.

Symbolischer Akt bei der
6. Vollversammlung des Ökumenischen
Rats der Kirchen 1983 in Vancouver/
Kanada: Bischof Paul-Werner überreicht
dem Oberhaupt der anglikanischen
Kirche, Erzbischof Robert Runcie, eine
orthodoxe Bibel. Die Vertreter verschiedener christlicher Konfessionen
feiern bei dem Treffen die so genannte
Lima-Liturgie.

Die Wurzeln des christlichen Glaubens sucht Bischof Paul-Werner bei der Begegnung mit Zeugnissen des Judentums. Nach einer Altarweihe in Gaukönigshofen besucht er die ehemalige Synagoge.

Zeugen gesucht –
Der Bischof im Dienst an den Berufungen

„Zu unserer Berufung gehört es,
der Berufung aller anderen zu dienen.
Sehen wir unsere Mitmenschen in diesem Licht?
Setzten wir uns nach Kräften
für die Würde aller Mitberufenen ein?"

(Fastenhirtenbrief 2002)

Weihehandlung im Kiliansdom:
„Je mehr alle ihre besondere Berufung
erkennen und wahrnehmen, um so besser können alle dazu beitragen, dass alle
ihrer Berufung gemäß wirken."

Amtseinführung von Domdekan Kurt
Witzel – Bischof Paul-Werner überreicht in der Kapelle des Bischofshauses
das Evangelienbuch:
„Der tiefere Sinn des Domkapitels ist
nur aus dem priesterlichen Dienst und
Auftrag heraus zu verstehen."

LINKE SEITE
Weihbischof Helmut Bauer –
Weggefährte des Bischofs: „Auf den
Weg des Friedens wird durch die Weihe
einer aus unserer Mitte gesandt, um in
der großen, in Gott entspringenden
Gemeinschaft für die Ernte des Herrn
zu wirken. Verbunden mit allen
Bischöfen und in Gemeinschaft mit
Priestern und Diakonen soll der neue
Weihbischof den Menschen auf ihrem
Weg Weisung, Stärkung und Geleit
geben."

Eng an der Seite des Bischofs: der
frühere Würzburger Generalvikar und
heutige Bischof von Speyer,
Dr. Anton Schlembach.

Erste Priesterweihe durch Bischof Paul-Werner im Jahr 1979: „Die meisten Berufe kann man erstreben und erlernen, man kann sich dafür qualifizieren, nicht selten sogar einen Anspruch auf ihre Wahrnehmung anmelden. Beim Priesteramt ist es anders. Keiner ist dafür qualifiziert. Jeder kann nur sagen: Herr, ich bin nicht würdig!"

Priesterweihe 2002: „Damit sie ihren
besonderen Hilfsdienst leisten können,
brauchen die Priester die Hilfe aller
Mitchristen. Lassen wir sie nicht im
Stich!"

Friedensgruß mit den neu geweihten
Diakonen: „Was immer an Einzelaufgaben auf uns wartet, die zentrale
Aufgabe heißt: Mit allen Kräften lieben,
immer mehr lieben, immer besser
lieben."

Weihe der Ständigen Diakone: „Wenn wir erkennen, wie sehr die Liebe Gottes die Weihekandidaten beschenkt, kann uns neu bewusst werden, was sie für uns alle bedeutet. Uns allen, ob alt oder jung, reich oder arm, gesund oder krank, Mann oder Frau schenkt Gott seine Liebe; wir alle sind berufen, mit ganzem Herzen, mit ganzer Seele und mit allen unseren Gedanken zu lieben."

Im Zentrum für Pastoralassistenten und Pastoralassistentinnen: Bischof Paul-Werner verabschiedet Pfarrer Erwin Kuhn als Bischöflichen Beauftragten der Pastoralassistenten-Bewerber der Diözese Würzburg.

In lockerer Runde bei den Pastoralassistenten und -referenten: „Ermutigt die Ängstlichen, nehmt euch der Schwachen an und seid geduldig mit allen."

Aussendung der Gemeindereferenten und Religionslehrer zum Dienst in Gemeinde und Schule: „Das Hören ist nicht nur ein grundlegender Einstieg in den Glauben, sondern auch eine unerlässliche Voraussetzung für den pastoralen Dienst. Entscheidend ist es, den Menschen mit einem hörenden Herzen zu begegnen."

Chrisammesse am Karmittwoch:
Bischof Paul-Werner weiht
Katechumenenöl, Chrisam und
Krankenöl für alle Pfarreien der
Diözese Würzburg. „Jedes der Heiligen
Öle, die heute geweiht werden, ist ein
Freudenöl; jedes ist dafür da, dass die
Menschen froh werden.“

Fußwaschung am Gründonnerstag im
Kiliansdom: „Zum Tun des Herrn am
Abend vor seinem Leiden gehört
wesentlich, dass er den Seinen die Füße
wäscht. Dieser demütige Dienst ist
ebenso Frucht seiner Liebe wie das
Abendmahlsgeschehen. Zu Jesu
Testament gehört zusammen mit dem
Mahl der Liebe die Tat der Liebe.“

Einzug mit dem Licht der Osterkerze in den dunklen Kiliansdom: „Die Feier der Osternacht ist ein Symbol dafür, dass Christi Licht die Finsternis gebrochen hat, die den Menschen von außen und von innen bedroht. Neben Krankheiten und Unglück ängstigt die Menschen vor allem die Lieblosigkeit, die bis zum Hass gehen kann."

Taufe in der Osternacht: „Zeichen, dass das Heil vom Herrn kommt."

Feier mit Taufbewerbern zu Beginn der österlichen Bußzeit: „Gott sagt zu jedem Menschen ein rundes, volles, uneingeschränktes Ja. Gott will den Menschen mehr schenken als menschliche Qualität und menschliches Glück. – Wenn man mit einem gerüttelten Maß an Lebenserfahrung zu ahnen beginnt, wie weit die Liebe Gottes geht, kann einen das besonders intensiv bewegen."

Firmung: „Christus gibt durch den Heiligen Geist eine Gabe, die immer bleibt. Er gibt sich selber, seine innerste Kraft. Den Firmlingen sagt er damit: Du bist mir so viel wert, dass ich für dich mein Schönstes gebe, was ich habe."

Stets in Kontakt trotz Stacheldraht und Mauer: Bischof Paul-Werner und der Bischofsvikar des Vikariats Meiningen in der DDR, Prälat Dieter Hömer. Bis 1994 gehörten die südthüringischen Dekanate Saalfeld und Meiningen kirchenrechtlich zur Diözese Würzburg.

Vor dem Relief des seligen Liborius
Wagner in der Pfarrkirche Altenmünster
mit (von links) Pfarrer Wolfram Tretter,
Domvikar Günter Putz, Domkapitular
Dr. Theodor Kramer, Generalvikar
Justin Wittig und stellvertretendem
Generalvikar Domkapitular Hartmut
Wahl: „Der selige Liborius Wagner ist
ein zweifacher Brückenbauer: Schon
zu seiner Lebzeit als Pfarrer ist er in
dem überwiegend evangelischen Ort
ein Zeichen für Ökumene gewesen.
Jahrhunderte später hat die Verehrung
des Seligen seine Heimat Mühlhausen
im Eichsfeld und seine Wirkungsorte im
Bistum Würzburg trotz der trennenden
Grenze verbunden."

Märtyrer für Christus: Die Urne des im
Konzentrationslager Dachau umgekom-
menen Pfarrers Georg Häfner wird am
9. Dezember 1982 in die Kilianskrypta
der Neumünsterkirche überführt.

Abschluss des Bischöflichen Erhebungsverfahrens zur Seligsprechung des Märtyrerpriesters Georg Häfner im Mai 2002: „Die wenigen Worte ‚Keinem Menschen wollen wir fluchen, keinem etwas nachtragen, mit allen wollen wir gut sein' kennzeichnen Pfarrer Häfners ganzes Leben und Sterben. Sie sind wie ein Testament, das er uns allen hinterlassen hat."

Erinnerung an die Mystikerin und Ordensfrau M. Julitta Ritz im Mutterhaus der Erlöserschwestern in Würzburg: „Schwester Julitta kann all denen helfen, die mitten im Alltag Gott suchen und seine Liebe mitten in der Welt bezeugen wollen."

Wege suchen im Gespräch – Kooperative Pastoral beginnt beim Bischof

„Von grundlegender Bedeutung ist der Dialog,
das Aufeinanderhören, das Miteinanderreden
und der wechselseitige geistige Austausch.
Der Dialog, den die Kirche allen Menschen schuldet,
muss zuerst im eigenen Bereich praktiziert werden.“

(BISCHOF PAUL-WERNER IN „UNSER WEG“, 1996)

Eng verbunden mit dem Nachfolger
Petri: Papst Johannes Paul II. empfängt
Bischof Paul-Werner während einer
Ökumene-Tagung im Vatikan im
Januar 2003.

Papst Johannes Paul II. und Bischof
Paul-Werner beim Ad-limina-Besuch
1992: „Alle Begegnungen mit dem
Heiligen Vater haben mich tief beein-
druckt."

Mitglied der Deutschen Bischofs-
konferenz: Seit 1976 ist Bischof
Paul-Werner Vorsitzender der
Ökumenekommission.

Verbindung zum Vatikan: Bischof
Paul-Werner und der frühere
Apostolische Nuntius in Deutschland,
Erzbischof Joseph Uhac im Gespräch.

Bischof Paul-Werner und Kardinal Karl Lehmann bei der Feier zum 25. Jahrestag des Abschlusses der Würzburger Synode im Jahr 2000.

Wege suchen für die Aussöhnung zweier Nachbarvölker: Nepomukfeier mit Kardinal Miloslav Vlk aus Prag im Mai 1996.

Priesterwallfahrt auf den Spuren
Kardinal Döpfners vom Würzburger
Haus zum Kreuzberg in der Rhön im
Mai 2002.

Im Dialog mit engagierten Laien im Diözesanrat der Katholiken: „Wir dürfen mit dem unendlichen Gott kooperieren; zugleich sind wir aufgerufen, mit allen Glaubensgeschwistern zu kooperieren. Im Diözesanrat ist uns eine konkrete Möglichkeit zum verantwortlichen Zusammenwirken gegeben. Nützen wir das aus, so gut wir nur können! Tun wir alles, dass die Kräfte, die hier konzentriert sind, auf die rechte Weise eingesetzt werden zur Verherrlichung Gottes und zum Heil der Menschen."

Im Kreise der Mitglieder des Diözesanpastoralrats: „Dauerauftrag unseres Diözesanpastoralrats ist es, vor der Planung konkreter Initiativen eine Spiritualität der Gemeinschaft zu fördern."

Berater in Finanzfragen – der Diözesansteuerausschuss: „Dieses Gremium sichert einen verantwortungsvollen Umgang mit den Mitteln, welche die Katholiken als Kirchensteuerzahler dem Bistum verfügbar machen, damit sie möglichst vielen Menschen zugute kommen."

Seite an Seite mit Persönlichkeiten
des Zentralkomitees der Katholiken im
Jubiläumsjahr 1989 (von links): Fürst
Karl zu Löwenstein, Hanna-Renate
Laurien und Dr. Engelbert Muth,
Vorsitzender des Diözesanrats der
Katholiken im Bistum Würzburg.

Bei Mitarbeitern des Bischöflichen Ordinariats Würzburg: „Jedes Glied des Leibes ist für den ganzen Leib wichtig. So unterschiedlich die Einzelaufgaben sind, in jedem Fall gilt: Wir sind Glieder, die zueinander gehören."

Im Gespräch: „Wir alle sind durch und durch Gemeinschaftswesen. Wir sind es, weil der dreieine Gott uns nach seinem Bild geschaffen hat und uns an seiner Gemeinschaft und damit an seiner Liebe teilhaben lassen will."

Dialogprojekt der Jugend,
„Unternehmen Reißverschluss":
„Im Austausch gilt es, die Kirche in
den Blick zu nehmen und zu überlegen,
wie wir gemeinsam den Erfordernissen
der Zukunft gerecht werden."

Gottesdienst mit Jugendlichen bei der
Einweihung des Kilianeums –
Haus der Jugend am 15. Juli 2000.

Pastoraler Dialog im Bistum:
Wir sind Kirche – Wege suchen im
Gespräch. Bischof Paul-Werner stellt
im November 1996 die Orientierungs-
hilfen für das Bistum Würzburg vor.
„Dem Wege-suchen muss das Wege-
gehen folgen."

Missionarische Kirche –
Weltweit im Glauben verbunden

*„Wer nicht missionarisch wirkt,
beraubt sich selber einer einzigartigen Chance.
Zugleich schwächt er die Kirche.
Wenn die Missionare Christi ausfallen,
treten andere auf den Plan."*

(Bischof Paul-Werner im Fastenhirtenbrief 1989 „Miteinander missionieren")

Bischof Paul-Werner bei der Feier zur Partnerschaft zwischen der Diözese Würzburg und dem Bistum Mbinga/Tansania in der Carl-Diem-Halle Würzburg 1989: „Wir wollen ganz bewusst eine Partnerschaft eingehen, nicht eine Patenschaft als reicher Onkel, der armen Leuten Almosen gibt."

Unterstützung der Partnerdiözese:
ein Motorrad für Mbinga.

RECHTS
Partnerschaft mit der
jungen Kirche Afrikas:
Bischof Paul-Werner und Bischof
Emmanuel Mapunda besiegeln am
29. Oktober 1989 die Freundschaft
zwischen der 1986 gegründeten
tansanischen Diözese Mbinga und dem
Bistum Würzburg zum Abschluss der
1300-Jahrfeier von Mission und
Martyrium der Frankenapostel.
Zur Verherrlichung des dreifaltigen
Gottes und zum Heil ihrer Gläubigen
wollen die beiden Diözesen einander
nach Kräften helfen.

Bischof Paul-Werner besucht die
Partnerdiözese Mbinga in Tansania
anlässlich der Domweihe im August
1997: Mit afrikanischer Begeisterung
heißen die Gläubigen des jungen
afrikanischen Bistums den Bischof
und Domkapitular Wilhelm Heinz
willkommen.

Altarweihe am 14. August 1997 in der
neuen Kathedrale Sankt Kilian in
Mbinga. Die in den Altarstein
eingelassenen Reliquien des Franken-
apostels, des heiligen Vinzenz von
Paul und zweier ugandischer Märtyrer
sind Symbole für die Verbundenheit
mit Würzburg, mit den in Mbinga
wirkenden Vinzentinerinnen und mit
der jungen Kirche Afrikas.

Bischof Paul-Werner auf dem Weg
zu einer Missionsstation in Papua-
Neuguinea.

Kirche des Südens zu Gast in Würzburg
(von links): Bischof Paul-Werner,
Bischof Edmundo Abastoflor
(Potosí/Bolivien), Bischof Emmanuel
Mapunda (Partnerbistum
Mbinga/Tansania) und Weihbischof
Alfons Kempf am Weltmissions-
sonntag 1989.

Weltweites Netz: Aus dem Bistum
Würzburg stammende Missionare und
Missionsschwestern zusammen mit dem
indischen Kardinal Simon Lourdusamy
in Würzburg.

Aussendung für den Dienst in der Mission: Traditionell am Dreikönigstag beauftragt Bischof Paul-Werner im Missionsärztlichen Institut Würzburg Frauen und Männer zum missionsärztlichen Einsatz.

„... Geht hinaus in die ganze Welt ...“:
Bischof Paul-Werner und Benediktiner-
Altabt Siegfried Hertlein präsentieren
im Juli 2001 mit zahlreichen Ordens-
oberen und -oberinnen das Missions-
buch der Diözese Würzburg.
„Bitten wir um die Gnade, dass die
vom dreifaltigen Gott ausgehende
Missionsbewegung uns mehr und
mehr erfasst und dass wir froh und
dankbar miteinander in Gottes Mission
leben und wirken!“

Missionarische Kirche nach dem
Vorbild Kilians sein:
Kardinal Tomas O. Fiaich, Erz-
bischof von Armagh, ist Gast beim
1300. Gedenken von Mission und
Tod der Frankenapostel im Jahr 1989.
„Um das Licht Gottes im eigenen
Leben aufstrahlen zu lassen, ist es
nötig, wie die Frankenapostel vom
Wort Gottes ergriffen zu werden.
Dass das Licht nicht erlischt im
Frankenland, hängt davon ab, ob
Christen heute bereit sind, das
Empfangene weiterzugeben und
miteinander Zeugen des Lichts und
Missionare des Herrn zu sein."

Bischof Paul-Werner besucht
Greystones, Irlands jüngste Kilians-
gemeinde: Gemeindepfarrer Bernard
Brady (rechts) würdigt die große
Zuneigung der Würzburger zu Irland,
und Stadtratsvorsitzender Alex
Davidson (links) lädt Bischof Paul-
Werner ein, sich ins Goldene Buch der
Stadt einzutragen.

Im Blickpunkt der Öffentlichkeit –
Der Glaube braucht viele Kontakte

„Die Welt sähe anders aus,
wenn wir Christen die Chancen besser wahrnehmen würden,
die uns vom Heiligen Geist gegeben sind.
Vor allem würde es mehr Freude in ihr geben.
Der Heilige Geist ist der Geist der Freude."

(BISCHOF PAUL-WERNER IM HIRTENWORT ZUM 1. FASTENSONNTAG 1998)

Smalltalk mit Bundespräsident
 Johannes Rau, Universitätspräsident
Professor Dr. Theodor Berchem und
Oberbürgermeisterin Pia Beckmann
beim 600. Stiftungsfest der Universität
Würzburg 2002: Den Einsatz für das
Gelingen eines wahrhaft menschlichen
Lebens sieht Bischof Paul-Werner
als dringliche Aufgabe der Universität
in heutiger Zeit.

Der wandernde Bundespräsident im
Januar 1981 im Kiliansdom:
Karl Carstens und seine Frau Veronika
zu Fuß unterwegs im Frankenland.

Vereidigung auf die Bayerische
Verfassung am 4. Oktober 1979:
Ministerpräsident Franz-Josef Strauß
verpflichtet Bischof Paul-Werner auf die
Treue gegenüber Deutschland und
Bayern. „Ich verstehe den Eid, der
meinem Amtsantritt vorausgeht, als das
bewusste und entscheidende Ja zu
tätiger Treue dem Staat wie allen seinen
Bürgern gegenüber."

Bischöfe beim Ministerpräsidenten
(von links): Bischof Paul-Werner,
Ministerpräsident Edmund Stoiber,
Bischof Manfred Müller von Regens-
burg und Bischof Franz Xaver Eder
von Passau bei der Verleihung des
Bundesverdienstkreuzes im Jahr 1996.

Hoher Gast aus dem Vatikan: Kardinal
Joseph Ratzinger bei der Vierhundert-
jahrfeier des Priesterseminars Würzburg
im Jahr 1989.

Das Interesse an guten Bibliotheken
verbindet die „Buchreligionen": Bischof
Paul-Werner und Senator David
Schuster mit Medienreferent Berthold
Lutz 1982 in der Katholischen
Bücherei- und Öffentlichkeitsarbeit
der Diözese.

Auszeichnung der Stadt Würzburg am
5. Juli 2000: Oberbürgermeister Jürgen
Weber überreicht die Goldene Stadt-
plakette als Dank für außerordentliche
Verdienste um das Wohl der Stadt und
ihrer Bürger.

Bischof Paul-Werner als humorvoller
Redner beim jährlichem Neujahrs-
empfang der Stadt Würzburg.

Einsatz für Mütter in Not: Der Bischof
errichtet 1999 die Stiftung „Miteinander
für das Leben". Die Solidaritätsaktion
im Bistum Würzburg will insbesondere
Verständnis und Verantwortung für den
Schutz des ungeborenen Menschen in
der Gesellschaft wecken.
Dem Kuratorium gehören (von links)
Elisabeth Patrzek (Frauenbund),
Anna-Elisabeth Thieser vom Sozial-
dienst katholischer Frauen (SkF) und
Generalvikar Dr. Karl Hillenbrand an.

Krise Arbeitsmarkt –
Bischof Paul-Werner besucht Anfang
der 90er Jahre die gebeutelte Kugel-
lagerstadt Schweinfurt: „In der Krisen-
region Schweinfurt wird auch die
Kirche ihren Beitrag leisten."
Im Bistum errichtet er 1984 den
„Solidaritätsfonds Arbeitslose".

Die größte Service-Wohnanlage für
Senioren im Bistum Würzburg erhält im
November 2002 den kirchlichen Segen:
Die Diözese errichtet in Schweinfurt in
siebenjähriger Planungs- und Bauzeit
das Marienstift.

Ein Haus für die Seelsorge im Herzen der Stadt: Bischof Paul-Werner beim Richtfest für das neue „Sankt Kilianshaus – Haus der Seelsorge" im Mai 2002.

Platz für das „Gedächtnis der Diözese":
Richtfest des Archivneubaus in der
Domerschulstraße in Würzburg am
23. November 2001.

„Mit Leib und Seele": Schauspieler
Günther Strack im Juli 1992 bei Bischof
Paul-Werner.

Freund der Bücher und der schönen Künste – Das Musische kommt nicht zu kurz

„Mehr oder weniger unbewusst
ist der Künstler auf der Suche nach dem Ursprung
wie nach dem Endgültigen.
Ein doppeltes Heimweh bewegt ihn:
nach dem uranfänglichen Zuhause aller Dinge
und nach dem am Ende alles bergenden Daheim.“

(BISCHOF PAUL-WERNER IN „TEXTE ZUR AUSSTELLUNG BIBELBILDER")

Gemeinschaftswerk von Bischof und
Künstler: Der neue Schrein für die
Reliquien der Frankenapostel wird am
2. Juli 1987 in der Krypta der
Neumünsterkirche vorgestellt. Der
Künstler Heinrich Gerhard Bücker
schuf die 14 Tafeln nach der Idee
von Bischof Paul-Werner. Szenen aus
dem Leben, dem Martyrium und der
Glorie der Frankenheiligen werden
mit Leben, Sterben und Auferstehung
Jesu in Beziehung gesetzt.

Der Bischof und die Geschichte seiner
Kathedralkirche: Bischof Paul-Werner
eröffnet im Oktober 1990 die Dauer-
ausstellung im Südarm der Domkrypta.
Sie gibt Einblick in die Baugeschichte
des Würzburger Kiliansdoms. Die
unlösbare Verbindung von Bischof und
Dom wird ins Bewusstsein gerückt.

Die Verherrlichung Gottes und die Gemeinschaft mit dem Nächsten sind für Bischof Paul-Werner der tiefste Sinn der Kunst. Jährlich feiert er mit mehreren hundert Künstlern, Kunstschaffenden und Medienleuten aus dem Bistum Würzburg in der Sepultur des Kiliansdomes den Aschermittwoch der Künstler zum Auftakt der 40-tägigen Fastenzeit. Sein Wort an die Künstler: „Sie leiden unter dem, was jedem zu schaffen macht. Wie viel Dunkel gibt es, wie viel Unheimliches, Ungereimtes, Ungerechtes, Unverständliches. Wie Hiob ist es manchem gegeben, diese Misere erschütternd zum Ausdruck zu bringen; sie aufzulösen vermag auch der Begabteste nicht."

Aschermittwoch der Künstler 1994:
Bischof Paul-Werner und Kunstreferent
Domkapitular Dr. Jürgen Lenssen mit
den Würzburger Künstlern Curd Lessig
und Helmut Weber. Bischof Paul-
Werner sagt bei der Eröffnung, die
Lebensform des Künstlers sei vom
Dialog bestimmt.

Langjährige Weggefährten: der
Komponist Bertold Hummel (rechts)
und Bischof Paul-Werner zusammen
mit Domkapellmeister Professor
Siegfried Koesler: Hummel nennt
Bischof Paul-Werner einen profunden
Kenner der Musik und ihrer Ge-
schichte. Beide gestalten 1989 das
Oratorium „Der Schrein der Märtyrer".

Schirmherr beim Würzburger
Brucknerfest: „Zu dem Bewegenden
und Beglückenden, das wir der Musik
verdanken, gehört, dass in ihr etwas von
der uns zugedachten Zukunft anklingen
kann. Alles Musizieren hat einen
Anfang und ein Ende; alle Musik weist
so auf den Anfang und das Ende von
allem hin. Die Musik ist ein Postludium,
in dem Motive des verlorenen
Paradieses nachhallen und nachwirken;
sie ist zugleich ein Präludium, das auf
die himmlische Herrlichkeit einstimmen
und vorbereiten kann."

Kirchenmusikalischer Begleiter
des Bischofs über Jahrzehnte:
Domkapellmeister Professor
Siegfried Koesler.

Mitliturge des Bischofs im Kiliansdom:
Bischof Paul-Werner gratuliert
Domorganist Paul Damjakob (rechts)
zur Auszeichnung durch den
Würzburger Diözesangeschichtsverein
und den Priesterverein der Diözese im
Dezember 2002.
Seit 40 Jahren spielt der Kirchenmusiker
in Neumünsterkirche und Kiliansdom
die Orgel. Professor Dr. Wolfgang Weiß
(Mitte), Mitherausgeber der
Diözesangeschichtsblätter, überreicht
Damjakob den Ergänzungsband, der
dem langjährigen Domorganisten
gewidmet ist.

Präsentation verschiedener Bücher des
Bischofs mit Heinrich Gerhard Bücker,
Generalvikar Heribert Brander,
Weihbischof Alfons Kempf und
Weihbischof Helmut Bauer.

Professor Dr. Josef Schreiner und
Professor DDr. Klaus Wittstadt über-
reichen zum 60. Geburtstag des
Bischofs die Festschrift: „Communio
Sanctorum. Einheit der Christen –
Einheit der Kirche": Ein Zeichen des
Dankes, der Anerkennung und der
Ermutigung, vor allem für den über die
Grenzen des Bistums hinausgehenden
Einsatz des Bischofs.

Zeugnisse frühen irischen Christentums
zugänglich gemacht: „Die Stimme der
Iren" und „Du bist unser alles" gibt
Bischof Paul-Werner 1989 heraus. „In
Nachtstunden und der kargen Freizeit
auf Reisen sind die Beiträge zu Heimat,
Erbe und Auftrag Kilians und seiner
Gefährten entstanden."

Zusammenfassung wichtiger Beiträge
aus der Zeit des bischöflichen Wirkens
in Paderborn und Würzburg:
Zum Goldenen Priesterjubiläum im
Jahr 2002 überreicht Generalvikar
Dr. Karl Hillenbrand die Festgabe
„Wir glauben – Theologie in Inter-
aktion": „Theologie hat die Aufgabe,
über den Glauben verantwortlich
nachzudenken und dies dann an andere
weiterzugeben."

Würzburger Apokalypse im Jahr 2001:
„Die Abgründe der Welt werden
deutlich, aber gleichwohl gilt, dass
Christus der Herr ist über Leben und
Tod. Von daher drückt der letzte Satz
der Apokalypse nicht Unheil und
Verderben aus, sondern bringt eine
Botschaft der Hoffnung und Zuversicht:
Die Gnade des Herrn sei mit allen.
Amen."

Fußball, Berge und Klavier –
Auch der Bischof hat ein Privatleben

„Leute, die glauben,
im Spaziergängertempo sei alles zu schaffen,
die irren sich."

(BISCHOF PAUL-WERNER AUF EINER „BESTSELLERKARTE" IM KIRCHENZELT 1983)

Mußestunden am Klavier: Beim Gang durch das abendliche Würzburg ist aus dem Bischofshaus oft Klaviermusik zu hören.

Am Schreibtisch: Hier bringt der
Bischof viele Gedanken ins Wort.

Begeisterter Bergsteiger: „Hier darf
selbst ein Bischof Mensch sein."

Am Gipfel: Zu den Höhepunkten des Bergurlaubs zählen die Gottesdienste unter dem Gipfelkreuz.

Rot-weiß gestreift mit Rücken-
nummer 10: Die Seminaristen aus
Würzburg schenken dem bischöf-
lichen Fußballfan das Trikot mit dem
Emblem des Priesterseminars „Zum
Guten Hirten" auf der Brust.

Bei den kickenden Priesterseminaristen:
„Der Sport gehört zu den Hilfen, die
uns Friede und Freude vermitteln
können. Die meisten Sportarten zielen
ja darauf, Menschen zusammen zu
bringen und ihre Leistungsfähigkeit zu
steigern."

Närrische Ehren in der Heimat:
Die traditionsreiche „Bürgergesellschaft
Olpe von 1898" verleiht ihrem
„verlorenen Sohn" die fein gravierte,
handgearbeitete Kupferpfanne, die so
genannte „Närrische Panne". „Er ist
einer von uns, da sind wir stolz drauf,
auch wenn wir ihn nach Bayern ent-
lassen haben."

Klänge aus der Heimat: Sangesbrüder
aus dem Erzbistum Paderborn zu
Besuch bei Bischof Paul-Werner.

Der bischöfliche Wandersmann:
Geschenk des Bunds der Deutschen
Katholischen Jugend (BDKJ) und
des Bischöflichen Jugendamts zum
40. Priesterjubiläum 1992.

ZEITTAFEL

Professor Dr. Paul-Werner Scheele, Bischof von Würzburg

Lebenslauf

6. April 1928	Geboren in Olpe (Westfalen) als Sohn des Kaufmännischen Angestellten Anton Scheele und seiner Ehefrau, der Hausfrau Hedwig Scheele
Geschwister:	Maria Scheele (Verkäuferin), Josef Scheele (Diplom-Kaufmann), Heinz-Rudolf Scheele (Diplom-Volkswirt). Ein weiterer Bruder und eine weitere Schwester sind früh verstorben.
	Besuch der Volksschule in Olpe Besuch der Oberschulen in Olpe und Attendorn Kriegsdienst bei der Luftwaffe Sonderlehrgang für Kriegsteilnehmer an der Oberschule in Attendorn
8. Oktober 1946	Abitur an der Oberschule in Attendorn
22. April 1947 bis 14. März 1951	Studium der Philosophie und Theologie an der Philosophisch-Theologischen Akademie in Paderborn und der Ludwig-Maximilians-Universität in München
29. März 1952	Priesterweihe im Dom zu Paderborn durch Erzbischof Lorenz Jaeger
1952 bis 1962	Einsatz als Pfarrseelsorger und als Religionslehrer an Berufsschulen in Paderborn
Ab 1958	Sektionsleiter für Berufsschulfragen am Officium Catechisticum der Erzdiözese Paderborn
1. September 1962 bis 31. März 1964	Assistent am Dogmatischen Seminar der Julius-Maximilians-Universität Würzburg und Arbeit an einer Dissertation zum Thema „Johann Adam Möhlers Lehre von der Einheit der Kirche und ihre Bedeutung für die Glaubensbegründung" bei Professor Dr. Josef Hasenfuß
4. Februar 1964	Promotion zum Dr. theol. an der Theologischen Fakultät der Universität Würzburg
Ab 1. April 1964	Sektionsleiter im Johann-Adam-Möhler-Institut für Konfessions- und Diasporakunde in Paderborn Journalistische Tätigkeit bei der dritten und bei Teilen der vierten Sitzungsperiode des Zweiten Vatikanischen Konzils
Ab 1. Mai 1965	Professor an der Philosophisch-Theologischen Hochschule in Fulda und Leiter des Katholisch-Theologischen Seminars Marburg
3. März 1966	Ernennung zum Professor für Fundamentaltheologie an der Ruhr-Universität Bochum; Dekan im Studienjahr 1968/69, Senator 1968 bis 1970
6. März 1970	Ernennung zum Professor für Dogmatik an der Julius-Maximilians-Universität Würzburg
24. März 1970	Bestellung zum Vorstand des neu errichteten Herman-Schell-Institutes Wahl zum Dekan der Theologischen Fakultät im Studienjahr 1971/72

1971 bis 1979	Dompropst in Paderborn; Direktor des J. A. Möhler-Instituts für Ökumenik; Professor für Dogmatik an der Theologischen Fakultät in Paderborn
1. März 1973	Ernennung zum Konsultor des Päpstlichen Sekretariats für die Förderung der Einheit der Christen
31. Januar 1975	Ernennung zum Weihbischof in Paderborn – Wahlspruch: Pax et Gaudium (Röm 14,17)
9. März 1975	Bischofsweihe durch Erzbischof Johannes Joachim Degenhardt
1975 bis 1979	Weihbischof in Paderborn
1976 bis 1984	Vorsitzender der Bilateralen Arbeitsgruppe der Deutschen Bischofskonferenz und der Vereinigten Evangelisch-Lutherischen Kirche Deutschlands
Seit 1976	Vorsitzender der Ökumenekommission der Deutschen Bischofskonferenz
31. August 1979	Ernennung zum Bischof von Würzburg
21. Oktober 1979	Amtseinführung als Bischof von Würzburg durch Erzbischof Elmar Maria Kredel von Bamberg
1979 bis 1982	Vorsitzender der Arbeitsgemeinschaft christlicher Kirchen in Deutschland
Seit 1979	Nationalpräsident der Catholica Unio
Seit 1984	Mitglied im Päpstlichen Rat für die Förderung der Einheit der Christen
1988 bis 1993	Vorsitzender der Gemeinsamen römisch-katholischen/evangelisch-lutherischen Kommission
1995 bis 2000	Leitung der Vatikanischen ökumenischen Kommission für die Vorbereitung des Heiligen Jahres 2000 Mitglied der Kommission für Glaube und Kirchenverfassung des Ökumenischen Rates der Kirchen
26. Februar 1980	Ernennung zum Honorarprofessor der Theologischen Fakultät der Universität Würzburg
1. Juli 1980	Ernennung zum Ehrendomherrn von Paderborn
1982	Verleihung des Bayerischen Verdienstordens
1996	Verleihung des Verdienstkreuzes 1. Klasse des Verdienstordens der Bundesrepublik Deutschland
1997	Verleihung des Ökumenepreises der Katholischen Akademie in Bayern
10. Februar 2000	Ernennung zum Ehrensenator der Universität Würzburg
5. Juli 2000	Verleihung der Goldenen Stadtplakette der Stadt Würzburg
1. April 2002	Feier des Goldenen Priesterjubiläums in Würzburg

Das Bischofswappen „Friede und Freude"

Viribus Auribusque Unitis
(Mit vereinten Kräften und Ohren)

Jedweder Hase hat zwei Ohren.
Und hier ging jedem eins verloren.
Das Soll ist sechs, das Ist nur drei.
Und Schein und Sein sind zweierlei.
Was führt der Steinmetz wohl im Schilde?
Welch ein Gedanke liegt im Bilde?
Die Ohren sitzen an der Stirne,
Gehörtes fließt in drei Gehirne.
Drittselbst wird hier somit bedacht,
was Sorgen oder Freude macht.
Vereint geht manches leichter eben
im Hasen- wie im Menschenleben.
Und überdies ist, was ihr seht,
'ne Spielart von der Trinität.

Beschreibung des so genannten „Hasenfensters" im Paderborner Domkreuzgang,
nach dem das Wappenmotiv im unteren Teil gestaltet ist. Der obere Teil zeigt das Kreuz des Hochstifts Paderborn.

BILDNACHWEIS

Pressestelle Ordinariat Würzburg:
S. 21 (unten), 22, 30 (unten), 39, 42, 43,
44/45, 46, 49, 51 (unten), 55, 60, 61, 62
(unten), 65, 66, 75, 78, 86 (unten), 87, 88, 90,
91, 92, 96, 97, 99, 100, 101, 103, 105, 106,
108, 109

Hans Heer
S. 13, 14, 15, 16, 17, 18, 19, 20 (rechts), 21
(oben; Mitte), 23, 24 (Mitte), 27, 28, 30
(oben), 31, 32, 34/35, 37, 40, 48, 50, 51
(oben), 52, 54, 62 (oben), 63, 64 (oben), 69,
70, 71, 76, 77, 79 (links), 85, 86 (oben), 96,
102, 110

Dr. Martin Faatz: S. 72, 73
Thomas Obermeier: S. 81, 98 (oben)
Felici: S. 58
Wolfgang O. Hugo: S. 82
Georg Heußner: S. 83
Thomas Pinzka: S. 84
Laszlo Ruppert: S. 89
Gerhard Lenz: S. 33
Günter Hübner: S. 20 (links)
Silvio Galvagni: S. 38
Würzburger Blindeninstituts-Stiftung: S. 25
(unten)

Würzburger katholisches Sonntagsblatt S. 24
(oben, unten), 25 (oben), 31, 41, 47, 53, 62
(Mitte), 64 (unten), 67, 93, 95, 107

KNA Bild: S. 59
Osservatore Romano: S. 57
Dagmar Kolata: S. 79 (rechts)
Diözesanarchiv Würzburg: S. 74
Dommusik Würzburg: S. 98 (unten)
Markus Hauck: Umschlagseiten (U1 und
U4)